LE NAIN BLEU.

LE
NAIN BLEU,

Par Raban.

~~~~~~~~~~~~

SOUS PRESSE,

Pour paraître lundi 1er mai 1826,

LE

NAIN ROUGE.

PRIX 25 CENT.

PARIS,

CHEZ TOUS LES Mds. DE NOUVEAUTÉ

IMPRIMERIE DE SÉTIER,
Cour des Fontaines, n° 7, à Paris.

LE

NAIN BLEU.

GRACE à la métempsycose, me
voici encore une fois sur les pieds :
j'étais jaune, et une mort vio-
lente m'emporta; je reparus vert,
et je mourus d'inanition; je res-
suscitai sous trois couleurs à la
fois, et l'on me jeta dans un ca-
chot; enfin, je repris ma pre-

mière forme, et l'on voulut m'en-
fouir à Ste-Pélagie. Pour éviter
ce malheur, le plus cruel de tous,
je pris la fuite ; mais les limiers
du quai des Orfèvres étaient à mes
trousses, et, pour leur échapper,
je fus contraint de me réfugier....
devinez où ?.... Vous ne le pou-
vez ? Je le crois bien ; car il n'est
pas sur la surface du globe, un
trou, seulement grand comme la
poche d'un huissier, où l'on ne
doive craindre de rencontrer les
animaux que je voulais fuir, et
voilà justement pourquoi je pris
le chemin des enfers où je n'ar-
rivai pas sans peine. Mais, hélas !
un bourdonnement de mauvais

augure m'apprit bientôt que
les insectes qui m'avaient forcé
à quitter le séjour des vivants, étaient en grand nombre
dans l'empire des morts. Je me
fourre d'abord, pour les éviter,
dans la niche de Cerbère; puis
je me blottis entre les jambes de
Minos, et, de là, je parviens à me
glisser sous la robe de Proserpine, d'où, à la faveur d'un
acroc que les reprises perdues
n'avaient pu faire entièrement
disparaître, il m'était très-facile
d'entendre et de voir tout ce qui
se passait autour de moi. La foule
de personnages que, de ma cachette, je passai en revue, est

considérable: je vis des ministres
et des rentiers, des épiciers et
des gendarmes, des gens de lettres
et des geôliers ; et ce qui me parut
extraordinaire, c'est que ces gens,
n'avaient pas l'air surpris de se
trouver ensemble. Bientôt, deux
personnages qui se rencontrèrent
tout près de ma cachette, se
saluèrent d'un ton affectueux ; ils
avaient un air de famille qui me
frappa. A la voix nazillarde et à
l'accent gascon de l'un, je recon-
nus ce pauvre trois pour cent, que
l'entêtement des rentiers a envoyé
dans l'autre monde ; quant au
second, j'appris que c'était un
célèbre abbé, nommé Terray,

qui, de son vivant, avait été ministre des finances. Voïci la conversation qui s'engagea entre eux.

L'ABBÉ TERRAY.

« Que se passe-t-il donc là haut ? Il faut qu'il y ait quelques nouvelles diableries sur le tapis ; car voici deux gendarmes qui sont arrivés cette nuit. »

LE TROIS POUR CENT.

Quoi ! mon respectable ayeul, vous ignorez la grande nouvelle !

L'ABBÉ TERRAY.

Cela n'est pas étonnant ; il y a

déjà quelque temps que les ministres n'ont tué un seul journal.
de sorte que, nous autres pauvres diables, nous en sommes réduits aux conjectures.

LE TROIS POUR CENT.

Vous n'avez donc pas vu ce grand personnage qui est des nôtres depuis deux jours ?

L'ABBÉ TERRAY.

Qui cela ?

LE TROIS POUR CENT.

Parbleu ! mon malheureux frère, l'infortuné droit d'aînesse :

les ministres l'ont poussé , les
Pairs l'ont repoussé... avec perte
bien entendu ; les cadets l'ont
poursuivi avec des pétards , et les
bourgeois l'ont assommé avec des
lampions.

L'ABBÉ TERRAY.

Serait-il vrai ? »

En ce moment un gendarme
parut ; il avait une chandelle ro-
maine dans son chapeau, un soleil
sur l'épaule, et des pétards dans
ses poches. Comme il avait entendu les dernières phrases de la
conversation, il s'avança vers l'abbé Terray en s'écriant : « Tiens !

il est bon là , Monsieur le curé !
de demander si c'est vrai...
je le crois bien que c'est vrai , et
fièrement vrai, encore ; et les gendarmes, qui sont pourtant de fameux cadets , peuvent bien se
flatter d'avoir passé un mauvais
quart d'heure pendant trois jours
de suite.

LE TROIS POUR CENT.

Ces pauvres gens ! trois jours !

LE GENDARME.

Tout autant ; aussi on peut bien
dire que les bons gendarmes n'ont
jamais eu tant de rhumes de cer-

veau, et, moi qui vous parle j'en suis mort.

L'abbé Terray.

Vous aurez négligé ça ?

Le gendarme.

Négligé ? pas du tout. Mais ces chiens d'épiciers, s'étaient donné le mot pour nous vendre de la réglisse qui n'était pas plus sucrée que des fourreaux de bayonnettes, et ça, parce que nous avions fait une charge sur les lampions.

L'abbé Terray.

Sur les lampions ! Pourquoi cela ?

LE GENDARME.

Est-il drôle donc, Monsieur le curé !...... Pourquoi ça, pourquoi ça ?.... Pardié, c'est tout simple : en matière de politique, voyez-vous, il y a lampions et lampions ; et nous autres gendarmes, qui sommes ferrés sur la politique, comme de raison, puisque c'est la plus forte branche de notre partie, nous faisons une grande différence entre les lampions bien pensants et les lampions séditieux.

L'ABBÉ TERRAY.

C'est une distinction bien subtile, et qui vous fait beaucoup

d'honneur. De mon temps on ne
soupçonnait pas cela ; il paraît
que c'est une nouvelle découverte.

LE GENDARME.

Comme vous dites , c'est tout
neuf ; ça nous est venu tout de
suite comme une envie d'éter-
nuer. Les épiciers , qui sont des
malins, disaient que les lampions
étaient toujours des lampions , et
il y en eut même un qui voulut
faire accroire au brigadier que les
lumières n'étaient pas de notre
compétence ; mais le brigadier lui
dit : mon fils, c'est ma consigne :
votre marchandise n'est pas en

bonne odeur, et en voici trois mannequins que j'empoigne.

L'ABBÉ TERRAY.

On saisit les mannequins ?

LE GENDARME.

Un peu !...

L'ABBÉ TERRAY.

Alors je ne suis plus étonné de ce, que mes pauvres confrères sont tous tremblants.

LE TROIS POUR CENT.

Ne m'en parlez pas, mon cher

grand père ; les cerveaux minis-
tériels sont plus que jamais sujets
aux fausses couches : presque tous
leurs projets sont avortés; quant à
moi, il est certain que je ne suis
pas venu à terme ; mais mon frère
le droit d'aînesse est encore plus
maltraité.... Ce pauvre enfant !
on lui a coupé bras et jambes pour
lui conserver un souffle de vie,
et pourtant ça ne l'a pas sauvé...
Tenez, le voici ; il se dirige de
ce côté. »

Il se fit alors un moment de
silence, et bientôt j'aperçus le
droit d'aînesse qui, soutenu par
un autre gendarme, faisait vrai-
ment pitié; il s'arrêta près du

groupe, et, poussant un profond soupir : « Ouf ! les cadets sont des barbares !...

LE TROIS POUR CENT.

Les rentiers sont des ingrats !

LE SECOND GENDARME.

Et les épiciers sont des révolutionnaires ! ....

LE PREMIER GENDARME.

Et des fameux, encore !... des gens qui vous disent en face qu'ils ont le droit d'être contents quand les Ministres ne le sont pas !

L'abbé Terray.

C'est un péché capital.

Le second gendarme.

Monsieur le curé a raison; c'est un péché capital, et, je dis, joliment capital !...

Le droit d'aînesse.

C'est bien consolant pour moi !

Le trois pour cent.

Ça me rend la jambe bien faite!

Le droit d'aînesse.

Il est pourtant certain que ma

présence serait fort utile parmi les vivants ; car sans moi, on ne parviendra jamais à peupler les couvents d'une manière convenable ; jamais, sans mon secours, on ne verra ces vénérables carmes chaux et déchaux ; ces bons cordeliers à la face de chérubins et ces respectables augustins, et ces révérends pères capucins... Et pourtant qu'est-ce qu'un pays sans moines ?... Je vous le demande, monsieur l'abbé.

L'ABBÉ TERRAY.

Il est vrai que c'est la classe la plus utile à la société.

LE SECOND GENDARME.

Après les gendarmes, si vous voulez bien le permettre.

L'ABBÉ TERRAY.

J'avoue que pour les couvents... c'est mon faible.

LE PREMIER GENDARME.

Et nous les casernes, c'est notre fort.

LE TROIS POUR CENT.

Nous avons eu bien des malheurs, mon cher frère ; mais il ne faut désespérer de rien....

LE DROIT D'AINESSE.

Ah !.....

LE TROIS POUR CENT.

Nos affaires ne sont pas désespérées ; elles se rétabliront, et nous en reviendrons, grâce...

LE DROIT D'AINESSE.

A qui ?...

LE TROIS POUR CENT.

Aux braves de Mont-Rouge.

LE PREMIER GENDARME.

Dites plutôt, grâces à nous.

LE TROIS POUR CENT.

Je dis, grâces aux Jésuites.

LE SECOND GENDARME.

Laissez donc, c'est de l'infanterie ! au lieu que les gendarmes, voyez-vous, c'est comme qui dirait des .... à cheval.

L'ABBÉ TERRAY.

Messieurs, les Jésuites sont bien certainement de bons pères sur lesquels on peut compter, et tous les gens bien pensants, comme nous, les voient avec plaisir reparaître sur l'horizon, et reprendre peu à peu tout l'éclat dont ils brillaient aux temps de Jacques Clément et de Ravaillac. Je crois savoir, de bonne part , que les ministres font feu des quatre pieds pour.... »

LE PREMIER GENDARME.

Eh bien , mon vieux, méfiez-vous de ça ! c'est d'mauvais augure ; c'es gens-là feront quelques bêtises, c'est moi qui vous le dis. A présent, voyez-vous, ça n'est plus comme de votre temps: vous aviez les vieux conscrits du *guet* qui suffisaient pour faire trembler tous les turbulents ;

mais aujourd'hui que le peuple
est rétif en diable, une armée
de cent mille homme ne lui ferait
pas croire que le noir est blanc ;
et quand tous les bons gendarmes tremperaient leurs chemises
et perderaient leurs aiguillettes
pour faire donner raison à ceux
qui ont tort, ils n'en viendraient
pas à bout.

L'ABBÉ TERRAY.

Miséricorde! je crois qu'il rai-
sonne !....

LE SECOND GENDARME.

C'est une maladie que nous

avons attrapée sans nous en douter.

LE DROIT D'AÎNESSE.

C'est elle qui m'a tué !...

LE TROIS POUR CENT.

Et moi aussi !...

L'ABBÉ TERRAY.

Vos pères n'ont donc pas tentés de vous guérir ?

LE TROIS POUR CENT.

Au contraire ; mais l'entreprise était au-dessus de leurs forces. La raison qui nous a tués, les a bien maltraités : ils n'iront pas loin.

L'ABBÉ TERRAY.

Je sais bien , mes bons amis , que la raison est la plus redoutable ennemie des ministres , et que quatre mots dictés par elle sont plus d'effet que quatre charges de cavalerie : c'est une déplorable vérité que cette ergoteuse doit toujours finir par triompher; mais on peut se soutenir long-temps contre elle, et vos glorieux auteurs, qui en sa-

ventbien quelque chose, ne sont
pas encore au bout de leur rou-
leau.

En cet endroit du discours de
l'abbé, Proserpine, qui venait de
savourer une prise de Virginie,
éternua avec tant de force, que
j'en fus étourdi, et que je perdis
connaissance. Lorsque je com-
mençai à reprendre mes sens, je
braquai de nouveau mes yeux sur
l'acroc dont j'ai parlé plus haut.
La scène avait changé: un homme
en habit brodé s'avançait en chan-
celant; il portait un énorme
portefeuille dont le poids parais-
sait l'accabler.

« Mes chers enfans, dit-il, en

s 'adressant au Trois pour cent et
au Droit d'aînesse, pour le bon-
heur des rentiers et la gloire des
cadets, vous allez reparaître sur
la terre. Caron pourrait refuser
de vous laisser sortir d'ici ; mais
vous êtes si petits que j'espère
vous dérober à ses regards. Four-
rez-vous vîte dans ce portefeuille,
et tâchez de vous bien tenir ; car
si vous tombez une seconde fois,
c'en est fait de vos pères. »

A ces mots, le personnage dé-
posa le portefeuille tout près de
ma cachette, et, comme je mou-
rais d'envie de revoir le monde,
je me glissai entre la gomme élas-
ique et le grattoir de Son Excel-

lence qui, clopin clopant, ar-
riva bientôt à l'hôtel de Rivoli. Je
ne fis qu'un saut du portefeuille à
la cuisine. Mais, comme il m'im-
portait fort de ne pas être recon-
nu, je changeai de couleur, et je
me fis bleu jusqu'à nouvel or-
dre.

FIN.